SALMON MACRIN

L'HORACE FRANÇAIS.

EXTRAIT DU BULLETIN DU BIBLIOPHILE
Numéro de novembre-décembre 1871.

SALMON MACRIN

L'*HORACE FRANÇAIS*.

PAR

JOSEPH BOULMIER

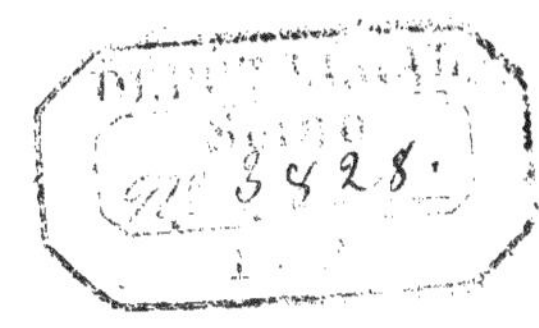

PARIS
LIBRAIRIE DE LÉON TECHENER
RUE DE L'ARBRE-SEC, 52.

1872

SALMON MACRIN,

L'*HORACE FRANÇAIS*.

Dans l'article consacré par Brunet (1) à ce poëte latin du seizième siècle, il s'est glissé une erreur que je vais relever tout d'abord. La femme de Macrin s'appelait *Guillonne Boursault*, comme l'atteste le dizain suivant de Jean Sanel, inséré à la page 136 du recueil de chants funèbres (*Næniæ*) que l'*Horace français* fit paraître en 1550, l'année même de la mort de sa fidèle compagne :

La mort avoit jà chanté la victoire
Sur le tumbeau de *Guillonne Boursault*,
Et pensoit bien triumpher de la gloire
Comme du corps, lorsque Macrin l'assault
Par mille vers, qui levèrent si hault
Ce sainct tumbeau que mort n'y peut attaindre.
O bon mary, la mort n'a peu estaindre
L'amour qu'avois à ta femme en sa vie;
O dame heureuse, on ne te devroit plaindre,
Puisque ta mort vainc la mort et l'envie.

Ainsi le prénom, du reste assez bizarrement orthographié, de *Helenne*, que Brunet donne à la défunte, est le résultat, soit d'une distraction de copiste, soit d'un *lapsus* typographique. Ajoutons bien vite que cette inexactitude, en soi peu importante, n'enlève rien à la hauteur ni à la solidité du colossal monument bibliographique sur lequel sont inscrits ces mots : MANUEL DU LIBRAIRE.

(1) *Manuel du Libraire*, 5e éd., t. III, col. 1284 et 1285.

Cela dit, je vais profiter de l'occasion pour vous entretenir pendant quelques minutes d'un homme vraiment remarquable, à peu près oublié de nos jours, et qui pourtant a joué un grand rôle dans la révolution poétique opérée par Ronsard, Joachim du Bellay et les autres membres de la fameuse Pléiade. Il a été leur devancier et, à beaucoup d'égards, leur initiateur.

Jean Salmon, dit *Macrin*, naquit à Loudun, en 1490, de Pierre Salmon et de Louise ou Nicole (1) Tyrel. Son grand-père maternel, Amaury Tyrel, commença son éducation en lui apprenant à lire et à écrire ; il passa ensuite sous la férule d'un maître de l'endroit, nommé Pierre Michel, et alla terminer ses études à Paris, où il suivit les leçons du célèbre Jacques le Fèvre d'Étaples.

Il perdit son père de bonne heure, et demeura sous la tutelle unique de sa mère, excellente femme, qui n'épargna pour ce fils tendrement aimé ni les soins vigilants, ni les sacrifices pécuniaires. Ce fut elle qui, fidèle probablement aux suprêmes recommandations du mari qui la laissait veuve, envoya le jeune Salmon se perfectionner dans la grande ville, centre intellectuel, foyer de lumières, alors déjà, comme à présent encore, malgré tout ce qu'on essayerait de faire pour qu'il n'en fût pas ainsi.

En 1514, on voit déjà paraître le nom du jeune poëte, suivi du surnom de *Maternus*, à la tête d'une petite pièce de vers, publiée sous ce titre : *Joannis Salmonii Materni Lodunatis in Quintiani Parthenocleam Hexastichon* (Sixain de Jean Salmon Maternus, de Loudun, sur la Parthénoclée de Quintianus). Il l'inséra comme un hommage amical, suivant l'habitude du temps, parmi les œuvres de Jean-François

(1) Dans ses poésies latines, Macrin appelle sa mère *Laonice*, qui pourrait être, soit la transformation paronymique de *Louise*, soit le féminin de *Nicolas* (Νικόλαος, Λαονίκη). Il avait, du reste, la manie des noms propres grecs. Son fils Charles devient pour lui *Charilaüs* ; sa femme Guillonne, *Gélonis* (la Souriante : de γελάω, rire ; γέλως, ris, aspect riant).

Quintianus Stoa (nom latinisé de Giovanni Francesco Conti da Quinzano).

Mais son premier essai poétique d'une certaine étendue vit le jour en 1515 : c'est une *Élégie sur la mort du Christ*, suivie de quelques *Hymnes à la Vierge*. Un an plus tard, il signait une belle pièce d'hendécasyllabes, à la suite d'un poëme sur Jeanne d'Arc, le premier de ce genre probablement qu'ait inspiré l'héroïne, et qui renfermait environ quatre mille hexamètres. Cette espèce d'épopée historique sans fiction, à la manière de la *Pharsale* de Lucain, avait pour auteur un ami de Macrin, Valerandus Varanius, d'Abbeville, docteur en théologie, qui florissait comme poëte latin dans les premières années du seizième siècle.

A cette occasion, notre lyrique remplaça son surnom de *Maternus* par celui de *Macrinus*, que dès lors il adopta d'une manière définitive. Il le fait suivre ordinairement de l'adjectif local *Juliodunensis* (Loudunois), comme s'il eût voulu, par une attention patriotique, associer sa ville natale à la gloire qu'il espérait pour lui-même. On ne sait pas au juste quel motif a pu présider au choix successif de ces deux surnoms. Peut-être *Maternus* (analogue au Φιλομήτωρ des Grecs) était-il tout simplement un souvenir de reconnaissance filiale; et, quant à *Macrinus* (Maigret), c'est assez visiblement une allusion plaisante qu'il aura faite lui-même à son peu d'embonpoint.

Le docte nourrisson de la muse antique ne tarda pas à fixer l'attention de ses contemporains. Antoine Bohier ou Bouhier, cardinal-archevêque de Bourges, le reçut chez lui comme secrétaire et le garda jusqu'en 1519, année où ce digne prélat mourut. L'année suivante, Macrin devint le commensal de René, bâtard de Savoie, comte de Tende et grand maître de France, mort plus tard, en 1525, des blessures qu'il reçut à la bataille de Pavie. Ce haut personnage lui confia l'éducation de ses deux fils, Claude, comte de Tende, depuis gouverneur de Provence, et Honorat, marquis de Villars. En outre il voulut bien le présenter au roi la même année, et, cédant à une aussi puissante recommandation, François Ier admit Macrin au nombre de ses valets de chambre. A première vue, cette qualification pourrait offusquer les lecteurs de nos jours ; mais c'était alors une charge des plus honorables, et tout le monde sait que Clément Marot, — l'un des meilleurs amis de notre poëte, — s'estimait heureux d'occuper un poste semblable auprès de la sœur bien-aimée du monarque, la belle et spirituelle Marguerite de Valois.

Macrin se voyait donc lancé sur la voie du succès. Deux nouveaux protecteurs vinrent alors grossir la liste déjà nombreuse de ses nobles Mécènes. L'un était Guillaume du Bellay, sire de Langey, dont il nous reste d'excellents mémoires historiques sur la première moitié du seizième siècle, ouvrage continué par son plus jeune frère, Martin ; l'autre était Jean du Bellay, frère puîné de Guillaume, et alors évêque de Bayeux.

Un événement imprévu, terrible, apporta vers cette époque une compensation cruelle à tant de prospérités : dans l'espace de onze jours, notre poëte perdit coup sur coup sa mère, Nicole Tyrel, ses deux sœurs, Françoise et Honorée Salmon, enfin trois neveux, tous victimes d'une épidémie qui ravageait Loudun. Quel vide se fit en ce moment autour de lui et dans son cœur ! Heureusement un gracieux amour vint le rendre à la vie. Depuis quelque temps il s'était épris d'une jeune fille de Loudun, l'innocence et la beauté mêmes, s'il en faut croire les enthousiastes peintures d'un amant et d'un poëte. Elle avait nom Guillonne Boursault, comme nous l'avons déjà vu. Macrin l'épousa en 1528, lorsqu'elle venait à peine d'atteindre ses quinze ans.

L'année même de son mariage, — l'*Horace français* avait alors trente-huit ans, — il publia chez Simon de Colines un charmant petit recueil intitulé *Carminum libellus*, et dédié à son ancien élève, le marquis de Villars. Il y chante en général, avec un naïf mélange d'érudition et de sentiment, l'ivresse de sa lune de miel.

Deux ans après la mise au jour du *Carminum libellus*,

Macrin fit paraître chez le même libraire quatre livres d'*Odes*, adressés à son protecteur Guillaume du Bellay.

Il était alors dans toute la force de son talent. Cette période fut courte, — beaucoup trop courte, hélas! — car, à partir de ses *Hymnes* de 1537, il ne fit plus guère que déchoir. N'insistons pas, et arrêtons-nous plutôt un instant sur la brillante époque du lyrique de Loudun.

Quand Macrin fit entendre en France les premiers accords qu'un doigt moderne eût fait rendre à la cithare antique, il y eut, d'un bout à l'autre de la république des lettres, comme un tressaillement d'ineffable surprise. Nul encore, parmi tous ces néo-païens de la renaissance, n'avait su manier la strophe latine avec cette élégante souplesse. Aussi le surnomma-t-on tout d'abord l'*Horace français*, et véritablement c'était justice.

Écoutez, par exemple, cette belle ode à François Ier :

Multo ferocem milite Cæsarem
Jurasse templis in patriis ferunt,
Francisce, prædæ se daturum et
Luctificis tua regna flammis.

Fier de ses nombreux soldats, César (1) a juré, dit-on, dans les temples de son pays, de livrer au pillage, aux horreurs de la flamme... ton royaume, François!

Regnata Francis Gallia tamdiu,
Tot gloriosis inclyta laureis,
Ad cujus Ægyptus, triplexque
Arrabia est tremefacta nomen,

Quoi! cette Gaule où depuis tant de siècles règnent les Francs, elle qui, toute glorieuse de lauriers, vit trembler à son nom l'Égypte et la triple Arabie,

Burgundioni subdita serviet,
Mollique Flandro: rege superstite,
Cui robur, armorumque nervi,
Divitiæ superant avitæ;

Se courberait, esclave, sous le Bourguignon, sous le lâche Flamand?... Vive Dieu! son roi n'est pas mort; il a toujours sa puissance, et ses trésors héréditaires, nerf des combats.

Bello gerendo quem facit utilem
Virtus, decoro in corpore gratior;
Cui sceptra, tot turmæ pedestres,
Totque equitum numerantur alæ?

Il a tout pour vaincre: bravoure et beauté, rehaussées l'une par l'autre; sceptre sans égal, innombrables fantassins, cavaliers innombrables.

Odere Celtas non ita numina,
Clarumque claro nomine principem,
Hos prorsus ut verti cruento ab
Hoste sinant fierique prædam.

Non, le ciel ne hait pas la France, ni son grand prince au grand nom, jusqu'à souffrir qu'un ennemi sanguinaire les foule aux pieds comme sa proie.

Quanquam Britannis auxiliis tumens,
Et bellicosæ pube Sueviæ,
Augustus Hispanoque, nostris
Urbibus excidium minatur;

Enflé des secours de l'Angleterre, fier de sa belliqueuse jeunesse de Souabe et d'Espagne, il prétend, cet Auguste, mettre à sac nos bonnes villes?... Vaine menace!

(1) Charles-Quint.

Furore cæcus, nec proavi memor, Quem, provocantem Marte ferociter Hanc gentem et illam, Lotharingi Helvetiusque alacer cecidit.	Dans sa fureur aveugle, il oublie son bisaïeul (1), ce fier soudard, qui, provoquant deux peuples à la fois, tomba sous les coups de la Lorraine et de l'intrépide Helvétie (2).
Cessare posthac, maxime rex, nefas; Exercitus jam scribe, pia indue Nunc arma, pro natis tuis et Imperio patriæ tuendo,	N'hésite plus, grand roi : ce serait infâme. Aux armes! En avant pour la guerre sainte! Cours défendre tes enfants et la patrie;
Florentius quo non aliud videt Sublimis Arctos, finem ad Atlanticum Syrtesque Mauras, a rigente Danubii Tanaisque ripa.	Cette patrie, la plus florissante que là-haut contemplent les regards de l'Ourse, des bords glacés du Danube et du Tanaïs aux confins de l'Atlas, aux Syrtes mauresques.

Voici maintenant, dans un tout autre genre, une poésie « intime », — comme nous dirions aujourd'hui, — qu'il adresse à sa *maisonnette des champs*. Il y emploie le rhythme hendécasyllabique, ce rhythme alerte et dégagé, si cher à Catulle :

Florens hortule, mustulenta vitis, In quincuncem habili reducta mensu; Sepes textilis, alitum voluptas, Et de fonte latex scatens perenni; Tuque carice villa tecta agresti, Jucundissima solitudo nobis, Gratæ deliciæ, quiesque fesso: Ecquando mihi vos videre, vestro Secessu frui amœnulo licebit? Ecquando, mihi restitutus ipsi, Nunc per viticulas inambulabo, Per pomaria, frondeosque saltus; Nunc, in gramine roscido supinus, Ad fontis tremulam fugacis undam, Cantabo roseis probanda nymphis, Indis, Seribus, et legenda Mauris? Hunc, o Cynthie criniger, brevique Optanti revehas diem Macrino!	Jardinet en fleurs, vigne aux grappes gonflées dont les ceps en quinconce s'alignent avec symétrie; charmille qui fais le bonheur des oiseaux, source d'eau vive qui jaillis sans cesse, et toi, maisonnette des champs, que recouvre un agreste glaïeul; solitude qui m'es si douce, délicieux ermitage, repos de mes fatigues : ah! quand pourrai-je vous revoir, et jouir de votre gentille retraite! Quand pourrai-je, rendu à moi-même, tantôt me promener dans mon petit vignoble, mon verger, mes ombreux bosquets; tantôt, m'étalant sur la pelouse où la rosée scintille, près d'une fontaine qui fuit en tremblotant, obtenir par mes chants le suffrage des nymphes aux lèvres de rose, et me faire lire des Indiens, des Sères et des Maures! Oh! ce jour, dieu du Cynthe aux blonds cheveux, ramène-le bien vite, et tu combleras les vœux de Macrin!

L'*Horace français* était en relation avec presque tous les hommes illustres de son temps. Parmi cette foule d'honorables amitiés, je citerai notamment Érasme, Budé, Thomas Morus, Germain Brice, Clément Marot, Mellin de Saint-Ge-

(1) Charles le Téméraire.

(2) Allusion à la défaite et à la mort du duc de Bourgogne, sous les murs de Nancy, le 5 janvier 1477.

lais, Pierre Danès, Estienne Dolet, Tusanus, Rabelais, et, en dernier lieu, Michel de l'Hospital. Le vénérable chancelier lui consacre même une de ses épîtres latines, conçue en des termes qui respirent une profonde estime et une vive affection. Budé, le grand helléniste du seizième siècle, adresse également à notre poëte deux de ses nombreuses lettres, si précieuses pour l'histoire littéraire de ce temps, et si peu consultées néanmoins, à notre époque de littérature courante et d'érudition improvisée. L'une de ces lettres est du 11 novembre 1519; l'autre, du jour des cendres de l'année 1520; et toutes deux expriment une amitié sincère, une grave et solide considération. Dans une troisième, datée du 11 mai 1521, écrite en grec, en beau dialecte attique, et adressée à Jean Lascaris, Budé se sert, pour donner des nouvelles de Macrin à Lascaris, leur ami commun, des expressions suivantes: Σαλμώνιος, ἀνὴρ ὑπεράγαθος καὶ ποιητὴς ἔνδοξος... « Salmon, excellent homme et illustre poëte..... »

D'autre part, François Ier et Marguerite de Valois le comblaient à l'envi de leurs bienfaits. Plus d'une fois, l'auguste « protecteur des lettres », qui lui-même se piquait de poésie, daigna faire traduire en vers latins par son valet de chambre les inspirations françaises de sa royale muse. En revanche, Clément Marot, le gracieux héritier des trouvères, faisait passer de temps à autre dans son naïf gaulois les poésies latines de l'*Horace français*.

Un court exemple vous fera connaître Marot dans ce rôle, assez inattendu, de *translateur* d'un poëte latin moderne. Il s'agit de François Ier, passant un jour en revue, au Palais de justice, les nombreuses statues de ses prédécesseurs, et montrant, avec un calme stoïque, le piédestal encore vide où plus tard devait s'élever la sienne :

> Ainsi qu'un jour, au grand Palais (1), tes yeux
> Virent dressez les simulachres vieux

(1) Le Palais de justice. « Le dessous de la grande salle, » dit Sauval, « est bâti avec beaucoup de solidité, et portoit une salle qui pas-

Des roys françoys (roy d'entre eulx l'excellence),
Nombrer vouluz tous par ordre et sequence
Les tiens ayeulx, qui ont de main en main
Baillé le sceptre à prince tant humain.
Mais quand le lieu vuide tu vins à veoir
Lequel s'attend le tien image avoir :
« Voyez (dis-tu) la place à moy promise
Quand ceste chair au tumbeau sera mise. »

Or, je demande, en tenant ce propos
Fus-tu esmeu de la peur d'Atropos?
Non : car tu as, maugré Mort, asseurance
Qu'entre les dieux sera ta demeurance.

Voici maintenant l'original :

Cum regum statuas veterum, rex maxime, cernis,
Ampla Palatinæ quas habet aula domus,
Ordine avos numerasti et stemmata clara tuorum,
Per quorum tibi sunt tradita regna manus.
Decretam sed ubi ad sedem post funera ventum est,
Exspectat statuam qua basis alta tuam,
Tunc mente intrepida : « Locus hic mihi debitus, » inquis;
« Hic ero, cum fati venerit hora mei. »
Talia magnanimo qui pectore verba profaris,
Interitus ullo frangeris anne metu?
Non certe : quia tu, terris mortalis in istis,
Divus apud superos, cum morieris, eris.

A son tour, Macrin voulut s'essayer dans cette jeune poésie nationale, à peine sortie avec Marot de son berceau du moyen âge, et qui bégayait encore ses rondeaux et ses ballades, en attendant la grande voix de Ronsard. Du Verdier nous affirme, dans sa *Bibliothèque*, avoir vu, *manuscrits* et

soit pour l'une des plus grandes et des plus superbes du monde. Elle étoit pavée de marbre blanc et noir, lambrissée et voûtée de bois, accompagnée dans le milieu de piliers de même, tous rehaussés d'or et d'azur, *et remplis des statues de nos rois*, représentés de sorte que, pour les distinguer, ceux qui avoient été malheureux et fainéans avoient les mains basses et pendantes; les braves, au contraire, et les conquérans avoient tous les mains hautes. » (*Histoire et Recherches des antiquités de la ville de Paris*, tome II, page 3.)

signés du nom de Macrin, *des épigrammes françois* (1), *bien troussez à l'imitation des grecs*, entre les mains d'un libraire de Poitiers. Malheureusement, ce que du Verdier a pu voir, il n'est que trop probable qu'on ne le reverra jamais.

Macrin adorait sa jeune femme, qui, du reste, le payait de retour. L'*Horace français* chanta cette moitié de son âme sur tous les tons possibles de la lyre latine, et, prodiguant à son idole les caresses poétiques les plus tendres, les diminutifs les plus gracieux du gracieux idiome de Catulle, il lui consacra les plus belles, peut-être, et les plus fraîches de ses poésies. Il ne paraît pas qu'aucun nuage sérieux ait jamais troublé, pendant vingt-deux ans qu'elle dura, cette union charmante et féconde. Féconde, en effet : l'antique Niobé, avant sa terrible disgrâce, ne devait pas être plus heureuse et plus fière que Gélonis. Elle donna douze enfants à son mari, à cet époux unique dans son genre, toujours aimé, toujours aimant. Hélas ! vous le dirai-je? six des plus belles fleurs de cette couronne vivante s'effeuillèrent l'une après l'autre, et firent vibrer tour à tour, sur la lyre de notre poëte, la corde de la douleur.

Ses beaux jours étaient passés. Une dernière épreuve, la plus cruelle de toutes, lui restait à subir. Attaquée d'une pulmonie incurable, Gélonis, Gélonis elle-même, expira, courageuse et résignée comme une matrone chrétienne, le 14 juin 1550, à l'âge de quarante ans, deux mois et quinze jours. Macrin, dès lors, se sentit frappé au cœur. Il ne fit plus que languir depuis cette époque, et mourut sept ans après sa Gélonis, en 1557, âgé de soixante-sept ans, à Loudun, et dans la maison du collége, s'il faut en croire un historien local, Dumoustier de la Font.

Le plus célèbre de ses nombreux enfants, Charles, ou *Charilaüs*, paraît, suivant de Thou et Sainte-Marthe, avoir hérité du talent de son père sur la lyre latine, et l'avoir surpassé de

(1) *Épigramme* était alors du masculin.

beaucoup, ce qui serait assez concevable, dans la connaissance de la langue grecque. Rien, à l'heure qu'il est, ne peut nous faire contrôler cette assertion flatteuse, attendu que les œuvres de Charilaüs Macrin ne sont point parvenues jusqu'à nous. Il n'avait encore que quinze ans, à la mort de sa mère Gélonis. Son père, qui ne voulait rien négliger pour son éducation, le confia d'abord aux soins austères d'un de ses amis particuliers, le savant Tusanus (Toussaint), ce *bon Tusan*, comme dit Antoine de Baïf,

> Qui chez luy nourrissoit une gaye jeunesse
> De beaux enfants bien nez, le soir et le matin,
> Leurs oreilles battant de grec et de latin.

Il le plaça ensuite au collége de Presle, où le jeune homme eut pour professeurs Ramus et Talon. Le mérite bientôt reconnu de Charilaüs le fit choisir, au sortir de ce docte séjour, pour être le précepteur de la princesse Catherine, sœur de Henri de Navarre (plus tard Henri IV). Un tel choix ferait croire que notre Charilaüs était, sinon calviniste, au moins sympathique à la réforme. C'est ainsi, du reste, que l'interpréta le fanatisme contemporain, et le disciple de Ramus mourut comme son maître, lâchement assassiné à la Saint-Barthélemy. Il avait alors trente-sept ans.

Résumons-nous. D'abord ami de Marot et de Rabelais, ses compagnons d'âge; consulté plus tard comme un oracle patriarcal par une nouvelle génération littéraire qui avait grandi sous l'aile de sa gloire, Macrin me semble combler l'intervalle et rétablir la transition de l'école gauloise à l'école savante. Les jeunes et ardents conscrits de la Pléiade sont arrivés sur le champ de bataille littéraire, au moment où le nom vénéré du lyrique de Loudun retentissait encore. Ils avaient lu, commenté, admiré l'*Horace français*, sous les yeux de leur docte maître, Jean Daurat. Ce fut encore Macrin qui encouragea dans ses débuts poétiques l'un des plus brillants et des plus chevaleresques d'entre eux, l'auteur de la fameuse *Défense et Illustration de la langue françoise*. Du

Bellay nous l'apprend lui-même dans la strophe suivante de sa *Musagnœomachie* (Combat des Muses contre l'Ignorance) :

Le docte luc (luth) tant vanté,
Qui la mort de l'Ignorance
Parmy Loudun a chanté,
Voire par toute la France,
Me veut donner asseurance
De lascher par l'univers
Les traits de mes petits vers.

En un mot, sous une foule de rapports, Ronsard et ses poétiques frères d'armes se sont formés à l'école de Macrin ; stimulés par une émulation généreuse, ils ont marché sur ses traces ; ils ont fait, en français, ce qu'il avait d'abord fait en latin, et n'ont eu, pour ainsi dire, qu'à traduire son exemple.

Paris. — Typographie Ad. Lainé, rue des Saints-Pères, 19.

www.ingramcontent.com/pod-product-compliance
Lightning Source LLC
LaVergne TN
LVHW012024170826
845678LV00004BA/1631

* 9 7 8 2 3 2 9 6 3 1 8 6 8 *